L'ÉCRITURE

Anita Ganeri

MAGNARD

Publié par Evans Brothers Limited 2A Portman Mansions
Chiltern Street
London W1 M 1 LE

© Éditions Magnard, 1997
Dépôt légal : Septembre 1997
N° d'Éditeur : 97/096
Traduction : Éric Waton

Remerciements :
Les auteurs et les éditeurs voudraient remercier les personnes dont le nom suit pour leur autorisation de reproduction de photographie.
Couverture : (image principale) The Bodleain Library, (en haut à gauche) AKG London, (en haut à droite) Paul Schemt, Eye Ubiquitous, (en bas à gauche) AKG London, (en bas à droite) The Image Bank
Quatrième de couverture : Mary Evans Picture Library
Page de Titre: The British Museum
page 6 (au milieu) Luiz Claudio Marigo, Bruce Coleman Limited, (en bas) The Science Museum/Science and Society Picture Library ; page 7 (à gauche) Jerome Yeats, Science Photo Library, (à droite) Mary Evans Picture Library ; page 8 (en haut) The British Museum, (en bas) British Museum, e.t. archive ; page 9 Alain Compost, Bruce Coleman Limited ; page 10 (en haut) Nicholas Devore, Tony Stone Images, (en bas) Liverpool Museum, Werner Forman Archive ; page 11 Paulo Koch, Robert Harding Picture Library ; page 12 (en haut) Hugh Sitton, Tony Stone Images, (en bas) Nicola Sutton, Life File ; page 13 Tony Stone Images ; page 14 (en haut) Mary Evans Picture Library, (en bas) Peter Newarles American Pictures ; page 15 Victoria and Albert Museum, The Bridgeman Art ; Library ; page 16 (en haut) Ronald Sheridan, Ancient Art and Architecture Collection, (en bas) J-L Charmet, Science Photo Library ; page 17 (en haut) Mary Evans Picture Library, (en bas) Topham Picture Source ; page 18 Mary Evans Picture Library ; page 19 (en haut) Science Photo Library, (en bas) Mary Evans Picture Library page 20 (en haut) British Library, The Bridgeman Art Library, (middle à gauche) Adrian Davies, Bruce Coleman Limited, Art and Architecture Collection ; page 21 (en haut) The Hutchison Library, (en bas) Henry Tse, Tony Stone Images ; page 22 (en haut) Ronald Sheridan Ancient Art and Architecture Collection, (en bas) Bibliothèque Nationale, The Bridgeman Art Library ; page 23 (en haut) e.t. archive, (en bas) Mark Harwood, Tony Stone Images ; page 24 (en haut) The Science Museum, Science and Society Picture Library, (en bas) Fiona Good, Trip ; page 25 (à gauche) Mary Evans Picture Library, (à droite) Honourable Society of the Inner Temple, e.t. archive ; page 26 (en haut) The Science Museum, Science and Society Picture Library, (en bas) Topham Picture Source ; page 27 (en haut) The Science Museum/Science and Society Picture Library, (en bas) Paul Schemt, Eye Ubiquitous.

TABLE DES MATIÈRES

LES ÉCRITS

On a commencé à écrire il y a 5 500 ans pour tenir les comptes, garder des archives, transmettre des nouvelles, des opinions ou des histoires. Avant, les hommes racontaient leurs souvenirs et ce n'était pas toujours très précis.
Avec le développement du commerce, un système pour garder et donner des informations était nécessaire.

Une tablette d'argile sumérienne.

LES ARCHIVES DES TEMPLES

Les exemples d'écriture les plus anciens que l'on connaisse sont les inscriptions trouvées sur des tablettes d'argile à Sumer (maintenant en Irak). Ces tablettes ont plus de 5 000 ans et dressent la liste du bétail, des sacs de grain et du nombre de travailleurs (boulangers, brasseurs, ferronniers et esclaves) employés par les temples.

ÉCRITURE DIVINE

Dans les premières civilisations, l'écriture était considérée comme un don des dieux. Les Égyptiens croyaient que Thoth, le dieu de la sagesse, avait créé l'écriture et l'avait accordée au monde. Le mot «hiéroglyphes», le système d'écriture égyptien, signifie «écriture sacrée». Les Vikings aussi croyaient que leur dieu, Odin, avait inventé les runes dont ils se servaient pour écrire (voir page 9).

Le dieu égyptien Thoth, sous l'apparence d'un babouin, avec un scribe pour le servir.

LA COUTUME D'ÉCRIRE

Avec le développement de l'écriture, les gens écrivirent des histoires, des textes religieux et de loi, des travaux scientifiques et historiques. Un texte babylonien très ancien raconte l'épopée du héros Gilgamesh et de ses merveilleuses aventures. L'histoire, d'abord racontée oralement, a été écrite, il y a environ 3 000 ans, sur d'innombrables tablettes d'argile.

PRÉCISIONS

Le plus vieux texte médical connu fut écrit sur une tablette d'argile, à Sumer, 2 100 ans avant Jésus-Christ. Il donne les détails de potions anciennes, faites d'ingrédients naturels, comme la moutarde, le sel, la carapace de tortue pilée et même la bière.

ZOOM

Sans écriture, nous saurions très peu de chose de notre passé. La plupart des preuves historiques viennent des écritures anciennes. Grâce aux archives de l'Égypte antique, par exemple, nous savons ce que portaient les gens comme vêtements, ce qu'ils mangeaient, quelles batailles ils livrèrent, qui ils épousaient, à quoi ressemblaient leurs maisons et les dieux qu'ils adoraient. Les textes d'aujourd'hui procureront des informations similaires pour nos descendants.

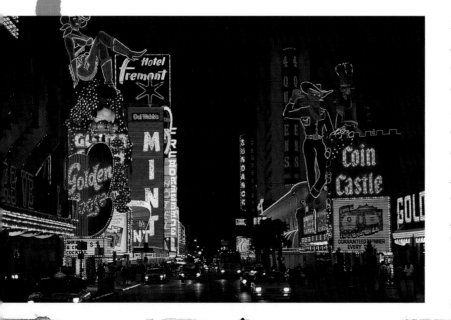

ÉCRITS MAINTENANT

Aujourd'hui, nous sommes entourés d'écritures de toutes dimensions, de toutes formes. La publicité attire l'œil, essaie de nous persuader d'acheter des produits. Des millions de journaux, de magazines, de livres sont imprimés et vendus chaque jour. L'écriture joue un rôle essentiel dans nos vies, pour nous informer et communiquer. Peut-on imaginer un monde sans écriture ?

LES PREMIERS ALPHABETS

Un alphabet est un système d'écriture, qui utilise des lettres ou des signes se substituant aux sons. Le premier peuple à écrire fut le peuple sumérien qui vivait en Irak 3 500 ans avant Jésus-Christ. Ils utilisaient des images, puis des symboles en forme de coins pour représenter les mots. Le premier véritable alphabet, lettres mises ensemble pour fabriquer des mots, apparut en Syrie, 1 300 ans avant Jésus-Christ. Il fonctionnait comme notre alphabet d'aujourd'hui.

MOTS EN FORME DE COINS

Les Sumériens utilisaient des images pour représenter les mots. Par exemple, la tête d'une vache voulait dire «vache»; un oiseau signifiait «oiseau» et ainsi de suite. Plus tard, ce système d'écriture aboutit au cunéiforme qui utilisait des traits en forme de coins pour symboliser les mots.

ÉCRITURE HIÉROGLYPHIQUE

Les Égyptiens écrivaient avec des symboles hiéroglyphes. Un signe pouvait représenter un mot entier, un son ou une partie d'un mot. Les hiéroglyphes pouvaient être écrits dans tous les sens. Des signes représentant des têtes donnaient des indications pour savoir par où commencer. S'ils regardaient vers la gauche, il fallait lire de gauche à droite, et ainsi de suite. Le système entier était si compliqué qu'il fallait des scribes pour comprendre cette écriture. La plupart des Égyptiens ne savaient ni lire ni écrire!

Des hiéroglyphes égyptiens.

Le cunéiforme était écrit sur de l'argile mouillée avec un roseau biseauté ou calame. L'argile était ensuite cuite au soleil.

Les scribes gardaient leurs outils d'écriture – des porte-plumes et de l'encre – dans des plumiers en bois.

L'ÉCRITURE GRECQUE

Au VIIIᵉ siècle avant Jésus-Christ, les Grecs adoptèrent l'alphabet des Phéniciens, un peuple commerçant du Liban, en ajoutant les voyelles – les Phéniciens n'utilisaient que des consonnes. Au début, ils écrivaient «en labourant», c'est-à-dire en changeant de direction à chaque ligne comme les bœufs qui labourent. Finalement, ils écrivirent de gauche à droite, ce qui était plus facile !

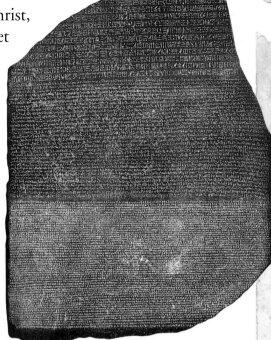

La pierre de Rosette.

LA LOI ROMAINE

Une forme de l'alphabet grec fut adapté pour écrire le latin, la langue des Romains. Au temps de l'Empire romain, l'alphabet ne comptait que 22 lettres. J, U, W, Y et Z furent ajoutés ensuite. Cet alphabet resta en vigueur très longtemps. Au Moyen Âge, le latin était la langue des érudits et de l'Église. L'alphabet utilisé aujourd'hui est inspiré de l'alphabet latin.

Les 16 lettres ou runes de l'alphabet viking.

ALPHABETS MODERNES

Différents systèmes d'écriture sont en usage de nos jours. Certains, comme le chinois ou le japonais, fonctionnent comme le cunéiforme et les hiéroglyphes à base de symboles, idéogrammes, représentant un mot ou des idées. La plupart des alphabets utilisent des lettres individuelles rassemblées en mots. D'autres, comme le turc, sont phonétiques, chaque lettre étant prononcée comme elle est écrite.

PRÉCISIONS

Le plus grand alphabet est le khmer, au Cambodge, avec quelques 74 lettres différentes. Le plus court est le rotokas des îles Salomon avec seulement 11 lettres. L'alphabet français compte 26 lettres.

ក ខ គ យ
ប ឈ ច ង

Quelques exemples des lettres compliquées qui constituent l'alphabet khmer.

La calligraphie chinoise est un art régi par des règles très strictes.

PLEIN DE CARACTÈRES

D'après la légende, l'écriture chinoise est un don qu'une tortue magique fit à un empereur qui l'avait sauvée de la noyade. Chaque symbole, ou caractère, signifie un mot ou une idée. En combinant différents caractères, on fabrique des mots différents. Pour lire et écrire le chinois, il faut connaître environ 2 000 caractères. Mais il en existe plus de 40 000 au total. Des caractères sont dessinés pour chaque nouvelle idée ou objet entrant dans le langage chinois.

L'ART DES ARABES

L'arabe s'écrit de droite à gauche et est constitué de 28 lettres avec des accents et des marques indiquant les voyelles. L'arabe est la langue du monde musulman et du *Coran*, le livre saint de l'Islam. Aucune représentation humaine n'est tolérée dans le *Coran*. Les pages sont décorées par des lettres et des mots dessinées.

PROGRÈS

De nouveaux alphabets sont encore inventés pour des langues jamais écrites auparavant. En 1840, un missionnaire, John Evans, inventa un alphabet pour les Indiens Crees d'Amérique du Nord pour faciliter la propagation de son message. En 1930, un tailleur créa un alphabet pour le peuple Mende de la Sierra Leone.

AUTRES ALPHABETS

Cyrillique

Le cyrillique est l'alphabet qu'on utilise pour écrire le russe. Il porte le nom de Saint Cyrille qui prêcha l'évangile aux Russes au IXᵉ siècle. Il a pour origine l'alphabet grec.

Cette ligne est écrite en cyrillique :

Эта строка написана по-русски.

Hébreu

L'hébreu est l'ancien langage de la Bible et la langue officielle de l'Etat d'Israël actuel. Cette écriture carrée a très peu changé depuis 2000 ans. Elle est écrite de droite à gauche et des points et des apostrophes peuvent êtres utilisés pour indiquer les voyelles.

Cette ligne est écrite en hébreu :

השורה הזאת כתובה בעברית

Devanagari

Le devanagari est l'alphabet qu'on utilise pour écrire l'hindi, la langue principale de l'Inde. Il s'écrit de gauche à droite. Chaque mot est fait de lettres jointes ensemble par une barre horizontale au-dessus du mot.

Cette ligne est écrite en hindi :

यह पंक्ति हिन्दी में लिखी है ।

POINTS ET TRAITS

Les marques de ponctuation sont des symboles qui indiquent comment dire la phrase. En français, une virgule (,) indique une courte pause. Un point (.) marque la fin d'une phrase. Un point d'exclamation (!) signifie la surprise. Chaque langue a son propre système de ponctuation, en utilisant le même alphabet. Ainsi l'espagnol indique la question en mettant un point d'interrogation à l'envers (¿) au début de la phrase. En hindi, le point est indiqué par une barre verticale (|).

STYLOS ET CRAYONS

Les premiers écrivains n'avaient pas le choix des outils d'écriture que nous avons de nos jours. Au Moyen-Orient, où est née l'écriture, les gens coupaient des bouts de roseaux et les taillaient à leur extrémité. Il leur suffisait de les tremper dans la suie ou l'encre pour pouvoir écrire. Depuis, l'écriture a progressé et le besoin d'une plus grande précision et d'une plus grande rapidité s'est fait sentir. Ce besoin a entraîné de nombreuses améliorations dans le domaine des outils d'écriture.

Une jeune Romaine avec sa tablette de cire et son style.

LE STYLE

Aux temps des Grecs et des Romains, métal et os remplacèrent le roseau. Les écrivains utilisaient des styles de bronze, d'os ou d'ivoire pour graver des lettres dans la cire. La partie pointue était utilisée pour écrire et la partie arrondie pour effacer les erreurs !

Des encriers romains. L'encre était faite de suie et d'eau.

LES PLUMES D'OIE

Les premières plumes d'oie, fabriquées vers 500 avant Jésus-Christ étaient encore utilisées au XVIIe et XVIIIe siècles. Les plumes étaient prélevées sur les oies ou les cygnes et taillées en pointe pour faire un bec. On les plongeait ensuite dans l'encre. Les plumes d'oie étaient rapides. Leur seul défaut était de s'émousser et il fallait souvent les retailler.

Les plumes d'oie étaient très populaires jusqu'au XVIIIe siècle.

PROGRÈS

L'inventeur du stylo à bille est un Hongrois installé en Argentine, Ladislao Josef Biro. Il déposa son invention en 1938.

*Lewis Waterman,
l'inventeur du
stylographe
moderne.*

PLUMES D'ACIER

Les premières plumes d'acier étaient si dures et si rigides qu'elles déchiraient le papier. Mais après bien des améliorations, les stylographes à plumes d'acier furent très appréciés dès le milieu du XIXᵉ siècle. Au début, l'encre se répandait en taches et en gouttes au bout de la plume. Le premier stylographe fonctionnel fut mis au point par Lewis Waterman, aux USA, en 1884. On peut toujours acheter des Waterman aujourd'hui. Mais quand le stylo était à court d'encre, il fallait le remplir. C'était salissant et cela prenait du temps. Dans les années 1950, une réponse fut trouvée : la cartouche d'encre jetable, une fois vidée, est remplacée par une autre.

LE POUVOIR DU CRAYON

Les premiers crayons furent fabriqués vers 1 795. Le crayon est en bois avec une mine de «plomb» (en fait un mélange d'argile et de graphite). Les mines sont plus ou moins dures ou tendres. On l'indique par des lettres imprimées sur le côté. Les crayons tendres (B ou 2B) contiennent plus de graphite dans leur mine. Les crayons durs (H ou 2H) contiennent plus d'argile.

PRÉCISIONS

L'Américain, Thomas Edison est très célèbre pour son invention de l'ampoule électrique et du phonographe. Mais moins connu est son stylo électrique. Il l'avait mis au point pour copier automatiquement des documents écrits à la main, mais il n'arriva pas à l'imposer.

STYLO-BILLE

Le stylo-bille a une petite boule d'acier, au lieu d'une plume. En écrivant, la boule se recouvre de l'encre que contient un tube-réservoir dans le stylo. L'encre est ainsi roulée sur le papier. Quand il n'y a plus d'encre, on peut jeter le stylo et en acheter un autre. D'autres stylos sont faits avec des bouts en fibre, les feutres, ou d'autres types de billes.

La forme, la taille et l'écoulement de l'encre sont pris en compte quand un nouveau stylo est mis au point.

PAPIER ET ENCRE

Avant que le papier ne soit inventé, les hommes écrivaient sur toute sorte de matériaux : l'argile mouillée, le métal, la pierre, le bois, l'écorce, le bambou, les ossements, les feuilles de palmier ou encore la soie. Les enfants grecs et romains s'exerçaient sur des tablettes de cire et des débris de poterie. Ainsi, ils pouvaient corriger leurs erreurs. Le premier matériau qui ressemblât à du papier était appelé papyrus, du nom du roseau qui pousse en Égypte, le long du Nil.

Caractères chinois sur un ossement.

PAPYRUS À DISCRÉTION

De fines bandes étaient coupées dans la tige du papyrus et posées les unes sur les autres en couches successives. Elles étaient ensuite martelées pour former des feuilles et mises à sécher au soleil. Les feuilles, collées ensemble, constituaient un long rouleau sur lequel on écrivait. Le gouvernement égyptien contrôlait le commerce du papyrus et faisait de gros bénéfices sur son exportation.

PAGES DE PARCHEMIN

La production de papyrus finit par épuiser les réserves naturelles. Un nouveau matériau était nécessaire. Ce fut le parchemin fabriqué avec des peaux de chèvres, de moutons ou de veaux. Les peaux étaient lavées, trempées dans du jus de citron, grattées, tendues puis brossées pour donner une surface douce sur laquelle on écrivait.

Le papyrus poussait dans des plantations le long du Nil. On l'utilisait pour faire des feuilles de papier, des voiles et des nattes.

Papier fait main, séchant au soleil.

PROGRÈS DANS LA FABRICATION DU PAPIER

Le papier a été le matériau le plus important pour l'écriture pendant des centaines d'années et le reste encore aujourd'hui. Il a rendu l'écriture et l'imprimerie plus rapides, plus faciles et moins chères. Jusqu'au XIXᵉ siècle, le papier était fait à la main, avec des chiffons. Aujourd'hui, on le fabrique dans des usines à partir d'arbres comme l'épicéa ou le pin.

Une papete-rie moderne.

PROGRÉS

Le papier a été inventé en Chine en l'an 105. Mais les Chinois gardèrent secrète leur découverte jusqu'au VIIᵉ siècle.
Les Arabes apprirent de leurs prisonniers de guerre chinois à faire du papier. Ce premier papier était fait avec du bambou, de l'écorce ou des chiffons.
Ce mélange était étalé ensuite en feuilles et mis à sécher.

QU'EST-CE QU'IL Y A DANS L'ENCRE ?

Les Égyptiens et les Chinois confectionnaient de l'encre noire avec de la suie, de l'eau et de la gomme arabique qui permettait à l'encre d'adhérer à la page. Les Égyptiens utilisaient une encre rouge, à base de minéraux pilés et d'eau, pour les titres et les noms des dieux. Au Moyen Âge, on mettait beaucoup d'ingrédients dans l'encre, du minerai de fer, des glands. Les encres modernes contiennent de l'acrylique. Aujourd'hui, les encres sont de différentes couleurs et même fluorescente pour lire dans la nuit !

PRÉCISIONS :

Un trombone est un morceau de fil de fer plié en deux boucles. C'est un truc bizarre, mais c'est aussi utile pour attacher deux feuilles de papier ensemble sans les abîmer. L'inventeur du trombone est un Norvégien, Johann Vaaler. Il en déposa le brevet en 1900.

LES LIVRES À LA MAIN

Jusqu'à l'invention de l'imprimerie, tous les livres étaient copiés et illustrés à la main. Parce qu'il fallait des mois ou même des années pour réaliser les livres, on en produisait très peu et ils étaient très chers. Au Moyen Âge, les étudiants devaient copier leurs livres d'études. Les originaux étaient enchaînés aux rayons des bibliothèques pour décourager les voleurs !

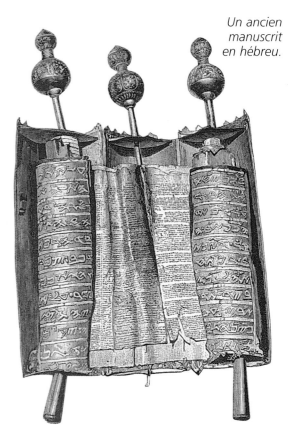

Un ancien manuscrit en hébreu.

LIVRES ENROULÉS

Les premiers livres étaient écrits sur des tablettes d'argile puis sur des rouleaux de papyrus ou de parchemin, appelés manuscrits. Utilisés par les Égyptiens, les Grecs et les Romains, ils restèrent la forme principale du livre jusqu'au IVe siècle. Les manuscrits égyptiens mesuraient jusqu'à 40 mètres de long. Le texte était écrit en colonnes pour pouvoir le dérouler et le lire colonne après colonne. De nos jours, dans les synagogues, des scribes transcrivent les textes hébreux à la main sur des manuscrits.

LES SCRIBES AU TRAVAIL

Dans le passé, beaucoup de gens ne savaient ni lire ni écrire, non seulement les travailleurs, mais les dirigeants et les gens de haute naissance qui employaient des scribes. Les scribes étaient des écrivains professionnels qui passaient des années dans des écoles d'écriture. En Égypte, ces écoles avaient des règles très strictes : les élèves étaient battus, et envoyés en prison s'ils faisaient des erreurs ! S'ils travaillaient bien, ils avaient la garantie d'un emploi.

Dans l'Ancienne Égypte, les scribes étaient respectés et bien payés.

16

PROGRÈS

Au IVe siècle, les livres changèrent de forme. Les manuscrits en rouleaux furent remplacés par le codex, similaire au livre que nous connaissons aujourd'hui, où les pages sont réunies et placées dans une couverture. C'était beaucoup plus pratique pour lire et écrire.

MANUSCRITS ENLUMINÉS

Au Moyen Âge, chaque monastère avait un scriptorium, une salle où les moines produisaient des copies de la Bible et des livres de prières. Magnifiquement conçus et décorés, ces manuscrits étaient des œuvres d'art. Les moines étaient spécialisés dans les dessins de lettres «enluminées» éblouissantes de couleurs rouges, vertes, bleues et dorées.

Une page enluminée d'une ancienne Bible.

Un codex médiéval.

GUILDES D'ÉCRIVAINS

À partir du Moyen Âge, on demanda de plus en plus de livres. Des scribes professionnels se groupèrent en guildes qui travaillaient indépendamment des monastères. Ils copiaient les documents officiels et les livres traitant de sujets comme la cuisine, la médecine, l'astronomie ou la poésie pour de riches clients.

PRÉCISIONS

Le mot «manuscrit» vient de deux mots latins, *manus* et *scriptum*, qui veulent dire «main» et «écriture», ceci parce que les premiers manuscrits étaient écrits à la main.

LES PREMIERS IMPRIMEURS

Les livres manuscrits étaient très beaux, mais aussi très chers et très longs à réaliser. La demande étant croissante, il fallait trouver un moyen de produire des livres en plus grande quantité et moins chers. Au XVe siècle, les premiers livres imprimés furent fabriqués en Europe.

Un ancien billet de banque chinois imprimé.

PLAQUES D'IMPRESSION

Les Chinois utilisaient des sceaux taillés à la main pour timbrer les documents officiels bien avant l'invention de l'imprimerie. Plus tard, ils inventèrent l'impression par plaques de bois pour imprimer des pages entières. Les caractères étaient taillés dans le bois, en relief et à l'envers. La plaque étaient encrée et pressée contre une feuille de papier : le texte était ainsi imprimé à l'endroit.

PRÉCISIONS

Le premier livre connu est un rouleau chinois imprimé, appelé le *Sutra de Diamant*. Imprimé vers la fin du IXe siècle, c'est un ouvrage de prière bouddhiste, illustré avec des scènes de la vie de Bouddha.

LE CARACTÈRE MOBILE

L'invention du caractère mobile fut un grand progrès. Les lettres individuelles étaient taillées en blocs séparés qui pouvaient être groupés en mots, en lignes et en pages. Les lettres pouvaient être réutilisées à volonté, au contraire des anciennes plaques de bois. Le caractère mobile fut inventé en Chine en 1040, mais 400 ans furent nécessaires pour qu'il arrive en Europe.

Premiers caractères d'imprimerie en bronze originaires de Corée. Les premiers caractères d'imprimerie chinois étaient faits en argile.

JOHANNES GUTENBERG

Gutenberg, orfèvre allemand, inventa, vers 1438, un moule pour fabriquer des caractères mobiles avec du métal fondu.

Gutenberg inventa aussi la première presse d'imprimerie en adaptant un pressoir à vin en bois, manœuvré à la main. Une feuille de papier était pressée contre un plateau de caractères encrés pour imprimer une page.

LA BIBLE DE GUTENBERG

En 1455, Gutenberg produisit la première Bible imprimée du monde. Cette Bible de deux volumes de 600 pages chacun fut imprimée à 160 copies. Les illustrations furent ajoutées à la main.

Une page de la Bible de Gutenberg.

ZOOM

La Guilde des copistes s'opposa violemment aux premiers imprimeurs. Pour qu'ils soient acceptés, les livres imprimés devaient ressembler le plus possible à des manuscrits. Gutenberg, par exemple, imprima la Bible en caractères gothiques, similaires à ce modèle, un style d'écriture, à la main qui était à la mode en Allemagne à cette époque.

Schreiben veut dire « écrire » en allemand.

MÉTHODES MODERNES

L'invention de Gutenberg se répandit rapidement et des boutiques d'imprimerie apparurent partout en Europe. Curieusement, la presse qu'il inventa fut en usage jusqu'au début du XIXe siècle. À cette époque, la mécanisation permit d'améliorer et d'accélérer le processus d'impression. Le XXe siècle a progressé en technicité grâce à l'ordinateur, qui a révolutionné l'imprimerie et l'édition.

Une presse moderne.

PRESSES À VAPEUR

En 1810, un Allemand, du nom de Frederick König, améliora la presse manuelle de Gutenberg en y ajoutant la machine à vapeur. La vitesse d'impression fut multipliée par deux : elle passa de 200 à 400 pages à l'heure. Des rouleaux encraient automatiquement le plateau garni de caractères.

PRESSES ROTATIVES

En 1845, le processus d'impression fut encore accéléré par la création de la presse rotative par l'Américain, Richard Hoe. Cette presse rotative était dotée de deux cylindres. Le papier était enroulé sur un cylindre et les caractères sur l'autre. Ces presses rotatives sont toujours utilisées pour l'impression des journaux et des livres. Les pages, textes et images, sont photographiées sur des plaques métalliques enroulées sur les cylindres, puis le papier et l'encre sont introduits pour produire les pages imprimées.

Une presse à vapeur, 1877.

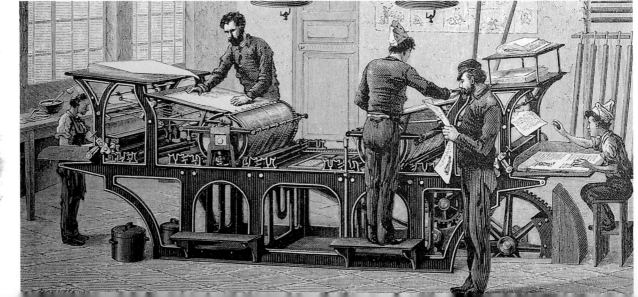

PRÉCISIONS

À l'époque romaine apparut le premier journal écrit à la main et appelé *Acta Diurna* ou «Les Nouvelles Journalières». Affiché en ville, il contenait les communiqués de guerre, les résultats des combats de gladiateurs et les actes de naissance, de décès et de mariage. Le journal le plus lu dans le monde est le *Yomiuri Shimbun*, journal japonais qui est lu par plus de 14 millions de lecteurs par jour.

IMPRIMER DES COULEURS

Jusqu'en 1457, la couleur était ajoutée dans livres, à la main. Deux imprimeurs allemands inventèrent un procédé pour encrer certaines parties des caractères d'une couleur différente. En 1719, un Allemand découvrit qu'on obtenait toutes les couleurs en mélangeant trois couleurs de base : le rouge, le jaune et le bleu. Les couleurs sont divisées en magenta (rouge), jaune, cyan (bleu) et noir. Les images sont photographiées par une machine qui sépare les couleurs. À chaque couleur, correspond une plaque d'impression qui, en imprimant les couleurs l'une après l'autre, reproduit l'original.

PROGRÈS

Dans les années 1880, on inventa deux machines, la linotype et la monotype qui disposaient les caractères automatiquement. Avant, les caractères étaient disposés à la main, ce qui était lent et minutieux. En 1939, la photocomposeuse permit de disposer les caractères photographiquement sur le papier. En 1965, on créa le Digiset, un système de typographie, contrôlé par ordinateur. Aujourd'hui, la composition des caractères, et celle de ce livre notamment, est faite par ordinateur.

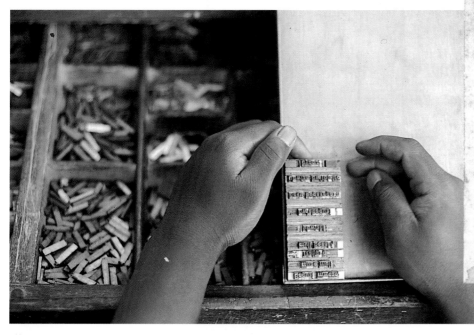

Placer les caractères à la main.

MACHINES À ÉCRIRE

Du roseau au traitement de texte, les outils d'écriture ont évolué depuis le temps où les Sumériens gravaient sur leurs tablettes d'argile. Le XIXe siècle a vu notamment l'invention de la machine à écrire. Elle mit du temps à se répandre car les employés aux écritures écrivaient plus rapidement à la main qu'avec les premières machines à écrire. Aujourd'hui, machines à écrire et traitements de texte font partie de la vie de tous les jours dans les bureaux.

Un bureau de dactylographie dans les années 1930.

DACTYLOGRAPHES

Un Italien, Pellegrino Turri inventa la première machine à écrire, en 1808, pour permettre à un de ses amis aveugle d'écrire ses propres lettres. La première machine à écrire moderne fut produite en 1874 par la compagnie Remington aux États-Unis. C'était un engin énorme, très lourd et très difficile à utiliser.

DACTYLOGRAPHIE

Les premières machines à écrire électriques apparurent en 1902. Les machines à écrire électroniques modernes contiennent des puces électroniques qui permettent de corriger les erreurs, souligner, mémoriser des phrases entières et tout cela automatiquement.

Une des premières machines à écrire.

Les problèmes pratiques furent nombreux pour mettre au point des claviers dans des langues différentes. Une machine à écrire en langue française, par exemple, n'a besoin que de 50 touches, mais les premières machines japonaises nécessitaient pas moins de 2 000 symboles. Les traitements de texte modernes peuvent maintenant stocker tous les symboles japonais en mémoire.

En 1964, une compagnie américaine, IBM, produisait la première machine à traitement de texte et révolutionnait la dactylographie. Un traitement de texte est un croisement de machine à écrire et d'ordinateur. On peut vérifier et corriger le texte et l'orthographe sur un écran avant de l'imprimer. Cela évite ainsi de retaper complètement la page à corriger..

Une rédaction de journal moderne.

Une télécopieuse moderne.

FANTASTIQUE TÉLÉCOPIEUR

Les télécopieurs envoient des images et du texte par la ligne de téléphone. Tous ceux qui ont besoin d'informations immédiates les utilisent. Une page peut être transmise en moins d'une minute.

Leur utilisation remonte au début du siècle, mais ce n'est que depuis dix ans qu'ils ont un véritable impact dans les bureaux.

PAO

La Publication Assistée par Ordinateur (PAO) est l'innovation la plus récente dans le domaine de la technologie. Elle permet d'écrire, de dessiner et de mettre en page un livre ou un journal sur l'écran en une seule fois. Toutes les informations peuvent être stockées sur une disquette et envoyées directement chez l'imprimeur.

LIVRES POUR TOUS

Les premières biblio-thèques furent créées à Babylone et en Égypte, il y a plus de 4 000 ans. On y rassemblait des tablettes d'argile et des rouleaux de papyrus. Il y avait aussi beaucoup de bibliothèques en Grèce et à Rome. Au Moyen Âge, les bibliothèques étaient la propriété privée des églises, des monastères, des universités ou de riches person-nages. Les premières bibliothèques publiques ne furent ouvertes qu'au début de ce siècle.

Une bibliothèque personnelle portable du XVIIe siècle.

La Bibliothèque d'Alexandrie, en Égypte.

BIBLIOTHÈQUE D'ARGILE

Assurbanipal, roi d'Assyrie au VIIe siècle avant Jésus-Christ, rassembla environ 22 000 tablettes d'argile sur des sujets aussi variés que la gram-maire, les dictionnaires et un grand nombre de récits et de poèmes, mais aussi de l'histoire relatant des événe-ments remontant jusqu'au XXIIIe siècle avant Jésus-Christ.

DES RAYONNAGES DE MANUSCRITS

La bibliothèque d'Alexandrie, en Égypte, fut construite en 305 avant Jésus-Christ. Elle contenait un demi million de rouleaux de papyrus, éti-quetés et rangés sur des rayonnages, ainsi que les copies des travaux les plus importants en grec et des traductions de livres étrangers. Les érudits venaient du monde entier pour y étudier.

PROGRÈS

Au XVIIIe et XIXe siècles, des bibliothèques privées furent ouvertes au public, mais les gens devaient payer pour emprunter les livres. Les premières bibliothèques publiques libres furent ouvertes au début de ce siècle.

Une bibliothèque de prêt du XIXe siècle.

LA PLUS GRANDE BIBLIOTHÈQUE

La plus grande bibliothèque du monde est la bibliothèque du Congrès à Washington, aux États-Unis. Fondée en 1800, elle contient 28 millions de livres et de brochures rangés sur 940 kilomètres de rayonnages. La British Library, en Grande-Bretagne compte 18 millions de livres.

L'immense salle de lecture de la Bibliothèque du Congrès à Washington.

ACHETER DES LIVRES

Aujourd'hui, on peut acheter des livres partout, dans des librairies, dans les gares, dans les supermarchés. Ils sont produits par des éditeurs et vendus aux libraires qui les revendent. Autrefois, les imprimeurs vendaient leurs livres eux-mêmes, souvent par l'intermédiaire des colporteurs. Le livre le plus vendu dans le monde est la Bible. Des millions de copies en ont été imprimées en plus de 300 langues différentes.

PRÉCISIONS

En matière de retard, le record est détenu par un livre emprunté à la bibliothèque du Collège Sidney Sussex de Cambridge, en 1667. Il ne fut retrouvé et rendu que 288 ans plus tard ! Heureusement, l'amende fut annulée !

GRAVER LES LETTRES

Il y a de nombreux styles dans l' écriture des lettres. Suivant leur usage, les lettres peuvent être simples, décoratives, spectaculaires ou raffinées. Les différents dessins des lettres utilisées en édition sont appelés caractères. Les premiers caractères ressemblaient à l'écriture manuscrite. Depuis, des milliers de formes de caractères ont été dessinées et sont encore inventées de nos jours.

UN NOM DE CARACTÈRE

Chaque caractère a un nom et des caractéristiques particulières. Ce livre est composé en Garamond, un caractère clair et facile à lire. Les titres et les sous-titres sont plus **gras** que le texte pour qu'ils soient plus visibles. Le caractère normal est appelé Romain. Les *italiques* sont utilisés pour insister sur un mot. Différentes tailles de caractères sont utilisées pour les titres principaux, le texte d'introduction et le texte des paragraphes. Quand on veut fabriquer un livre, on doit penser à toutes ces questions.

Voici des exemples de l'alphabet en lettres capitales et avec quatre caractères différents.

A B C D E F G H I
J K L M N O P Q
R S T U V W X Y Z
(Helvetica)

A B C D E F G H I
J K L M N O P Q
R S T U V W X Y Z
(Times)

A B C D E F G H I
J K L M N O P Q
R S T U V W X Y Z
(Korinna)

A B C D E F G H I
J K L M N O P Q
R S T U V W X Y Z
(Zaft Chancery)

LE CARACTÈRE TORY

Au début du XVIᵉ siècle, Geoffroy Tory, un Français, dessina un caractère (voir ci-dessous) en utilisant les proportions du corps humain pour la forme de chaque lettre.

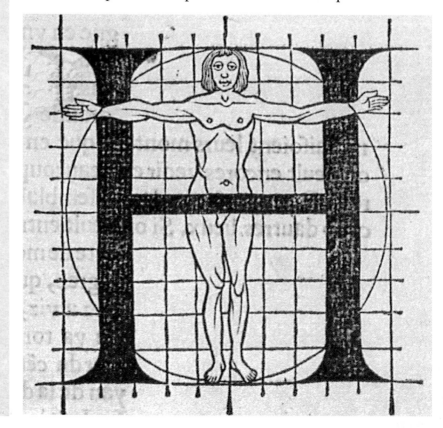

Un graffiti moderne.

GRAFFITI ROMAINS

Les graffiti sont des mots et des illustrations dessinés sur les murs, souvent par colère ou par protestation. Et ce n'est pas nouveau : les murs de la ville romaine de Pompéi étaient couverts de graffiti, notamment des offres de récompense pour la restitution de biens volés.

L'ART D'ÉCRIRE

L'art de bien dessiner les lettres est appelé la calligraphie. Les calligraphes utilisent des plumes et des encres pour réaliser les lettres décoratives des enseignes, des cartes d'invitation, … La calligraphie arabe est utilisée pour décorer les copies du *Coran* (voir page 11). En Chine et en Asie du Sud-Est, les maîtres en calligraphie sont hautement respectés.

PROGRÈS

En 1824, un alphabet fut inventé par un Français, Louis Braille, pour permettre aux aveugles de lire. On l'utilise encore aujourd'hui. Chaque lettre est formée de points en relief qui sont sentis avec les doigts. Il est tapé sur une machine à écrire spéciale.

ZOOM

La sténographie permet d'écrire très rapidement en utilisant des symboles à la place des lettres. Les Romains inventèrent une forme de sténographie pour noter les discours politiques. Les systèmes de sténographie d'aujourd'hui font usage de points, de virgules, de courbes et de lignes droites pour représenter les sons plutôt que les lettres.

Cette ligne est écrite en sténographie.

Au fil du temps

AVANT J.-C.

–	**3500**	Premiers écrits à Sumer.
–	**3000**	Utilisation des hiéroglyphes en Égypte.
–	**2100**	Le plus ancien texte médical sumérien.
–	**2000**	Premières bibliothèques à Babylone.
–	**1300**	Premier véritable alphabet en Syrie.
–	**1200**	Développement de l'écriture en Chine.
–	**800**	Les Grecs adoptent et adaptent l'alphabet phénicien.
–	**500**	Première utilisation de la plume en Europe.
–	**400**	Les Étrusques adoptent une forme d'alphabet grec qui devient la base de l'alphabet romain.
–	**305**	Construction de la bibliothèque d'Alexandrie.

APRÈS J.-C.

–	**105**	Fabrication du premier papier en Chine.
–	**200**	Développement des runes par les Vikings.
–	**400**	Le Codex est introduit comme forme de livre.
–	**868**	Premier livre imprimé, le *Sutra de Diamant*, en Chine.
–	**vers 900**	Production des premiers manuscrits enluminés dans les monastères.
–	**vers 1040**	Invention du caractère mobile en Chine.
–	**1438**	Gutenberg invente le caractère mobile en Europe et la presse à imprimer.
–	**1455**	Impression de la Bible par Gutenberg.
–	**1719**	Invention de l'impression en couleurs.
–	**1795**	Premiers crayons.
–	**1810**	Première presse à vapeur.
–	**1822**	Décryptage de la pierre de Rosette.
–	**1845**	Première presse rotative.
–	**1874**	Première machine à écrire manuelle moderne.
–	**1884**	Premier stylographe à plume.
–	**1886**	Invention de la machine à linotype.
–	**1887**	Invention de la machine à monotype.
–	**1900**	Invention du trombone.
–	**1938**	Premiers stylos à bille.
–	**1939**	Invention de la machine à photocomposition.
–	**1964**	Premier traitement de texte.
–	**1965**	Invention du Digiset.
–	**1980**	Développement de la Publication Assistée par Ordinateur.

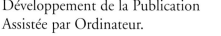

GLOSSAIRE

Alphabet : Système d'écriture qui utilise des lettres pour reproduire des sons et des parties de mots.

Caractères : Différents styles ou dessins des lettres.

Codex : Livre fait de feuilles de parchemin ou de papier, reliées entre deux couvertures.

Cunéiforme : Écriture en forme de coins, inventée par les Sumériens.

Enluminé : Illustré et décoré.

Futhark : Alphabet des Vikings.

Hiéroglyphes : Symboles picturesques utilisés en Égypte antique comme système d'écriture.

Idéogrammes : Symboles qui représentent des idées ou des mots dans un langage comme le Chinois ou le Japonais.

Manuscrits : Rouleaux de papyrus, de parchemin ou de papier utilisés comme livre autrefois.

Plomb : Bâton d'argile et de graphite à l'intérieur d'un crayon.

Papyrus : Support analogue au papier fait de roseaux en Égypte ancienne.

Parchemin : Support, pour l'écriture, fait en peaux d'animaux.

Phonétique : Décrit les lettres qui sont prononcées comme elles sont écrites

Plumes : Outil d'écriture fait avec des plumes d'oiseaux.

Ponctuation : Marques et accents qui permettent de savoir comment dire une phrase, où marquer une pause, où s'arrêter et ainsi de suite.

Runes : Symboles pointus et angulaires qui forment les lettres du *futhark*, l'alphabet viking.

Scribes : Écrivains professionnels hautement entraînés.

Scriptorium : Salle dans un monastère où les moines travaillaient sur les manuscrits enluminés, au Moyen Âge.

Stylus : Ancien instrument d'écriture, fait d'une tige d'os, de bois ou de métal. Utilisé pour écrire sur des tablettes de cire.

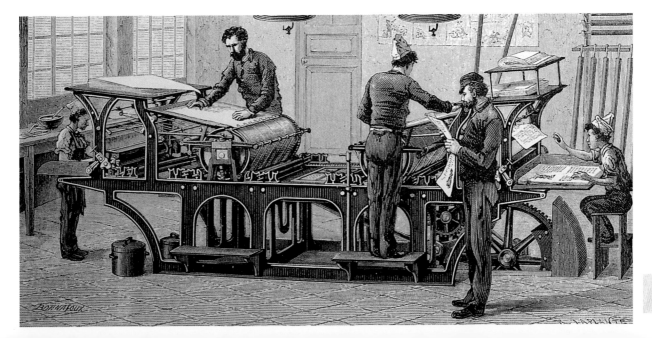

INDEX